¿Dónde viven los animales?

Bobbie Kalman

 Crabtree Publishing Company

www.crabtreebooks.com

Creado por Bobbie Kalman

Autor y Jefe editorial
Bobbie Kalman

Consultores pedagógicos
Reagan Miller
Joan King
Elaine Hurst

Editores
Joan King
Reagan Miller
Kathy Middleton

Revisor
Crystal Sikkens

Investigación fotográfica
Bobbie Kalman

Diseño
Bobbie Kalman
Katherine Berti

Coordinador de producción
Katherine Berti

Técnico de preimpresión
Katherine Berti

Fotografías
BigStockPhoto: p. 5, 16 (bottom), 24 (top middle)
Creatas: p. 14, 24 (middle right)
Digital Vision: p. 15
Dreamstime: p. 23 (top right), 24 (top right) Shutterstock: cover,
p. 1, 3, 4, 6, 7, 8, 9, 10, 11, 12, 13,
    16 (top), 17, 18, 19, 20, 21, 22, 23 (except top right),
    24 (except top middle, middle right, and top right)

Catalogación en publicación de Bibliotecas y Archivos Canadá

Kalman, Bobbie, 1947-
   ¿Dónde viven los animales? / Bobbie Kalman.

(Mi mundo)
Includes index.
Translation of: Where do animals live?
Issued also in an electronic format.
ISBN 978-0-7787-8565-1 (bound).--ISBN 978-0-7787-8591-0 (pbk.)

   1. Habitat (Ecology)--Juvenile literature.
I. Title. II. Series: Mi mundo (St. Catharines, Ont.)

QH541.14.K36518 2011   j591.7   C2010-904174-7

**Información de catalogación en publicación de
la Biblioteca del Congreso**

Kalman, Bobbie.
  [Where do animals live? Spanish]
  ¿Donde viven los animales? / Bobbie Kalman.
     p. cm. -- (Mi mundo)
  Includes index.
  ISBN 978-0-7787-8565-1 (reinforced lib. bdg. : alk. paper) -- ISBN 978-0-7787-8591-0
(pbk. : alk. paper) -- ISBN 978-1-4271-9586-9 (electronic (PDF)
  1. Animals--Habitations--Juvenile literature. I. Title. II. Series.

QL756.K35618 2011
591.7--dc22
                          2010024779

Crabtree Publishing Company

www.crabtreebooks.com   1-800-387-7650

Impreso en Hong Kong/042011/BK20110304

**Publicado en Canadá
Crabtree Publishing**
616 Welland Ave.
St. Catharines, Ontario
L2M 5V6

**Publicado en los Estados Unidos
Crabtree Publishing**
PMB 59051
350 Fifth Avenue, 59th Floor
New York, New York 10118

**Publicado en el Reino Unido
Crabtree Publishing**
Maritime House
Basin Road North, Hove
BN41 1WR

**Publicado en Australia
Crabtree Publishing**
386 Mt. Alexander Rd.
Ascot Vale (Melbourne)
VIC 3032

¿Qué hay en este libro?

¿Qué es un hábitat?

Un **hábitat** es un lugar de la naturaleza.

Los animales viven en hábitats.

Algunos hábitats están sobre la tierra.

Algunos hábitats están en el agua.

Las tortugas viven en la tierra y en el agua.

Una tortuga ha salido del agua para calentarse con el sol.
El caimán también se está calentando.

¿Qué necesitan los animales?

Para sobrevivir los animales necesitan aire, agua y alimento.

Necesitan la luz del sol para mantenerse calientes.

Los animales encuentran todo lo que necesitan en sus hábitats.

Los colibríes consiguen su alimento en las flores que hay en sus hábitats.

Este cocodrilo atrapó un pez
en su hábitat para comer.
El cocodrilo vive en el agua, pero sale
a la superficie para respirar el aire
que está sobre el agua.

Un hábitat del bosque

Un **bosque** es un hábitat con muchos árboles.

Hay diferentes tipos de bosque.

Este perezoso vive en el **bosque tropical**.

En un bosque tropical

llueve mucho.

perezoso

Este perezoso de tres dedos come y duerme en los árboles, en su hábitat del bosque tropical.

Desiertos secos

Los **desiertos** son hábitats secos.
No reciben mucha lluvia.
Plantas llamadas **cactus**
crecen en algunos desiertos.
Los cactus tienen **espinas**
afiladas. Las espinas son
como agujas.

cactus

espinas

Las iguanas son lagartijas que viven en los desiertos.
Comen cactus.
Esta iguana se trepó encima de un cactus.

Hábitats de las montañas

Una **montaña** es un terreno rocoso y alto.

La cima de la montaña es fría y con viento.

La parte de abajo de la montaña es más cálida

Las cabras montesas viven en las cimas de las montañas en el verano.

Viven en la parte de abajo de las montañas en el invierno.

Pueden encontrar allí más alimento en el invierno.

Las cabras montesas tienen **pezuñas**.

Las pezuñas de estas cabras montesas bebé les ayudan a escalar y a bajar de las montañas.

Casas de las praderas

Una **pradera** es un hábitat plano que está cubierto de hierba y otras plantas.

Esta pradera se llama **prado**.

Muchos zorros rojos viven en prados.

Los zorros viven en casas llamadas **guaridas**.
La guarida de este **cachorro** de zorro rojo, o
zorro bebé, está dentro de un tronco del prado.

Hábitas muy fríos

Hay dos hábitats muy fríos
sobre la Tierra.

Uno es el Ártico.

El otro es la Antártida.

El Ártico está en la parte
de arriba de la Tierra.

Ártico

la Antártida

Los osos polares
viven en el Ártico.

La Antártida está en la parte de
abajo de la Tierra.

Los pingüinos viven en la Antártida.

La Antártida es el lugar más frío
de la Tierra.

Hábitats de los pantanos

Muchas aves viven en los hábitats de los **pantanos**.
Los pantanos están cubiertos de agua la mayor parte del tiempo.
Estas aves se llaman espátulas.
Las espátulas son aves **zancudas**.
Las aves zancudas caminan sobre el agua para encontrar alimento.
Tienen patas largas y **picos** largos.

picos

Los picos de las espátulas parecen espátulas.
Les ayudan a estas aves a recoger el alimento
que está debajo del agua.
Las patas largas mantienen el cuerpo
por encima del agua.

Hábitats del océano

Muchos tipos de animales
viven debajo del agua.
Algunos viven en
hábitats del **océano**.
Los océanos son grandes
áreas de agua salada.
Muchos tipos de peces viven en océanos.
Los tiburones viven en océanos.

tiburón

¡Algunos tiburones son muy grandes!

¿Qué hábitat es?

Empareja las fotos con los nombres de los hábitats.

1. pantano
2. desierto
3. océano
4. bosque
5. montaña

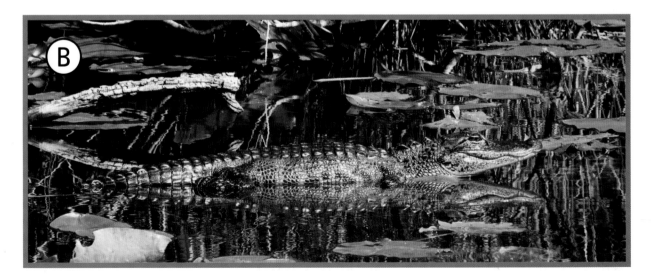

Palabras que debo saber e Índice

la Antártida
páginas 16, 17

el Ártico
página 16

desiertos
páginas 10–11, 22

alimento
páginas 6,
12, 18, 19

bosques
páginas 8–9, 22

praderas
páginas 14–15

montañas
páginas
12–13, 22

océanos
páginas 20–21,
22

pantanos
páginas 18–19,
22